BEI GRIN MACHT SICH IHR
WISSEN BEZAHLT

- Wir veröffentlichen Ihre Hausarbeit,
  Bachelor- und Masterarbeit

- Ihr eigenes eBook und Buch -
  weltweit in allen wichtigen Shops

- Verdienen Sie an jedem Verkauf

Jetzt bei www.GRIN.com hochladen
und kostenlos publizieren

Trainingsplan zum Aufbau von Muskelmasse. Diagnose, Zielsetzung und Trainingsplanung im Makro- und Mesozyklus

Bibliografische Information der Deutschen Nationalbibliothek:

Die Deutsche Nationalbibliothek verzeichnet diese Publikation in der Deutschen Nationalbibliografie; detaillierte bibliografische Daten sind im Internet über http://dnb.d-nb.de abrufbar.

ISBN: 9783346742605
Dieses Buch ist auch als E-Book erhältlich.

Das Buch bei GRIN: https://www.grin.com/document/1282655

Deutsche Hochschule für
Prävention und Gesundheitsmanagement
Hermann Neuberger Sportschule 3
66123 Saarbrücken

Einsendeaufgabe

Fachmodul: Trainingslehre 1

Studiengang: B.A. Gesundheitsmanagement

Datum
Präsenzphase: 15.10 – 18.10.2018

Studienort: **Leipzig**

Semester: **WS 2017**

Inhaltsverzeichnis

1   DIAGNOSE

1.1   Allgemeine und biometrische Daten

Tab. 1: Allgemeine und biometrische Daten

Allgemeine Daten	
Alter	28 Jahre
Geschlecht	männlich
Körpergröße	1,74 m
Körpergewicht	68 kg
Trainingsmotive	• Ausgleich zum Alltag • Aufbau von Muskelmasse • Leistungsverbesserung gegenüber Alltagsbelastungen
berufliche Tätigkeit	Lehrer für die Sekundarschule Fächer: Sport und Geschichte
sportliche Aktivität	aktuelle sportliche Aktivität: • Krafttraining (1mal pro Woche) frühere sportliche Aktivitäten: • Judo (Leistungsbereich Jugend, Landeskader Sachsen – Anhalt, diverse Landesmeistertitel und Mitteldeutscher Meister) • Kraftsport (3 – 4mal pro Woche auf leistungsorientierter Intensität)

zeitlicher Verfügungsrahmen		4mal pro Woche
Biometrische Daten		
Blutdruck	**Norm**	**Bewertung**
100/80 mmHg	normaler Blutdruck nach Klassifikation der Weltgesundheitsorganisation (WHO): - systolisch (120–129), - diastolisch (80 – 84)	Anhand der Klassifikation von Blutdruck nach der WHO (1999) lässt sich durch die ermittelnden Blutdruckwerte des Probanden ablesen, dass er systolisch unter dem Normwert und diastolisch im Normwert für normalen Blutdruck liegt und somit einen optimalen Blutdruckwert nachweist und dadurch keinerlei Gefährdung für ein Krafttraining vorliegt.
BMI	**Norm**	**Bewertung**
22,5	Gewichtsklassifikation bei Erwachsenen anhand des BMI (nach WHO, Stand 2008): Normalgewicht 18,5 – 25	Anhand der Gewichtsklassifikation der Weltgesundheitsorganisation ist deutlich zu erkennen, dass der Proband sich im Normbereich des BMI einordnet.
Fit-Level: 7 (gemessen am Cardio-Scan)	**Norm** Das Fit-Level setzt sich aus BMI, Herzfrequenz und Cardio-Stress.Index zusammen und wird von 1 – 10 gewertet.	**Bewertung** Mit einem Fit-Level von 7 ist der Proband überdurchschnittlich fit und für körperliche und sportliche Aktivität äußerst belastbar.
Muskelprotein:	10,4 kg	
fettfreie Masse:	62,4 kg	
orthopädische Probleme		- Hallux valgus - Morbus Scheuermann
internistische Probleme		- keine bekannt

gesundheitliche Einschränkungen	- keine bekannt
Bewertung auf Belastbarkeit	Aus den erhobenen Daten zum Probanden geht hervor, dass er in einer sehr guten körperlichen Verfassung ist, keinerlei internistische Probleme vorweist oder Medikamente einnimmt und einen gesunden Lebensstil führt. Einzig Morbus Scheuermann ist zu benennen, welches den Probanden schon seit Kindheit begleitet und ihn nicht an der sportlichen Betätigung gehindert hat. Der Proband ist voll belastbar.

1.2 Krafttestung

Um eine optimale Trainingsplanung gewährleisten zu können, ist es elementar eine individuelle Krafttestung durchzuführen. Zu Beginn des Makrozyklus wird der Proband einen gerätegestützten Mehrwiederholungskrafttest (X-RM-Test) durchführen. Ziel dieser Krafttestung nach Eifler (2016, S.124) ist es, dass maximal zu bewältigendem Gewicht eines Trainierenden zu ermitteln. Diese Krafttestung ist für die Trainingsplanung am geeignetsten, da ein Maximalkrafttest für den Körper eine sehr hohe psychische, aber auch physische Belastung darstellt und im Vergleich zum Mehrwiederholungskrafttest kaum Rückschlüsse auf die submaximalen Intensitäten zulässt.

Bei dieser Krafttestung wird die spätere Belastungsintensität des Trainings auf Basis der ermittelten Kraftwerten geplant.

Für den X-RM-Test werden maximal 3 Testsätze, in denen das Trainingsgewicht stets gesteigert werden sollte, angesetzt. Die Gewichtssteigerung garantiert eine maximale Belastung der angesteuerten Muskulatur. Für die 3 zu absolvierenden Testsätze wird für den Probanden eine Wiederholungszahl von 10 Wiederholungen festgelegt. Um die wichtigsten Muskelpartien des Körpers einstufen zu können, absolviert der Proband pro Muskelgruppe eine Übung mit je 3 Testsätzen. Dabei ist zu beachten, dass Übungen stets von großen Muskelgruppen zu kleinen Muskelgruppen, sowie von mehrgelenkigen zu eingelenkigen Muskeln ausgeführt werden sollten.

Vor Beginn der Testphase absolviert der Proband ein leichtes allgemeines Aufwärmtraining um seinen Körper optimal auf die bevorstehende Belastung vorzubereiten. Da der Proband Erfahrungen im Krafttraining mitbringt, ist eine spezielle Übungsunterweisung im Vorfeld nicht nötig, bei Trainingseinsteigern ist eine solche sehr zu empfehlen. Um eine optimale Auswertung der Krafttestung zu gewährleisten, sollte der Trainierende alle Übungen stets in derselben Bewegungsgeschwindigkeit ausführen. Diese wird festgelegt auf 2 Sekunden in der exzentrischen und konzentrischen Phase der Übung. Bei der Auswahl der Gewichtung für die Krafttestung ist darauf zu achten, dass das Gewicht so gewählt wird, dass die letzte Wiederholung geradeso zu bewältigen ist.

Tab. 2: Mehrwiederholungskrafttest (10-RM-Test)

Mehrwiederholungskrafttest (10-RM-Test) vor Mesozyklus 2					
Testübung	**WH**	**1. Testsatz**	**2. Testsatz**	**3. Testsatz**	**Ergebnis**
Beinpresse	10	95 kg	105 kg	110 kg	**110 kg**
Kniebeuge mit Langhantel	10	70 kg	75 kg	80 kg	**80 kg**
Kreuzheben	10	80 kg	90 kg		**90 kg**
Latzug an der Maschine zur Brust	10	55 kg	65 kg	70 kg	**70 kg**
Bankdrücken mit Langhantel	10	60 kg	70 kg		**70 kg**
Schulter-Drücken	10	25 kg	30 kg	35 kg	**35 kg**
Bizepscurl mit SZ-Stange im supinierten Griff	10	27,2 kg	32,5 kg		**32,5 kg**
Trizepsdrücken am Kabelzug	10	30 kg	35 kg	37,5 kg	**37,5 kg**

Eine gezielte Trainingssteuerung und Auslastung der Muskulatur ist nur gegeben, wenn die Belastungen optimal und vor allem individuell an den Probanden angepasst sind. Durch den Mehrwiederholungskrafttest zu Beginn des Makrozyklus erhalte ich als Trainer aussagekräftige Werte über seinen derzeitigen Trainingszustand und kann die Planung der Trainingseinheiten strukturieren, eintakten und kontrollieren. Die Testergebnisse stellen die Grundlage für die Trainingsplanung dar, da durch die ermittelten Werte das konkrete Trainingsgewicht für meinen Probanden errechnet werden kann. Dies erfolgt durch eine prozentuale Berechnung, die sich an der Leistungsstufe des Trainierenden orientiert. Je höher die Trainingserfahrung und die Leistungsstufe, umso höher auch der prozentuale Anteil der Testgewichte, die der Trainierenden später im Training zu bewältigen hat.

Durch die Dokumentation des Mehrwiederholungskrafttests und der daraus resultierenden Trainingsplanung ist für den Probanden die Möglichkeit gegeben seine Leistungsentwicklung zu dokumentieren und zu überprüfen. Anhand von Krafttestungen vor jedem Mesozyklus ist auch eine Überprüfung seiner Kraftzuwächse zu verzeichnen.

2 ZIELSETZUNG UND PROGNOSE

Tab. 3: Zielsetzung

Ableitung von Zielen		
Inhalt:	Ausmaß:	Zeit:
Optimierung der Muskelmasse	Aufbau von 4 kg Muskelmasse	6 Monate
Begründung:		
Die Zielsetzung zur Steigerung der Muskelmasse in einem Zeitraum von 6 Monaten um 4 kg ist realistisch, da der Proband in der kompletten Makrozyklusplanung durch ein kraft- und widerstandsbetontes Training eine Hypertrophie seiner FT- und ST-Fasern herführt, so Gollnick et. al. (1973). Eine andauernde Muskelhypertrophie kann nur dann erreicht werden, wenn der einwirkende Trainingsreiz ständig gemäß des „Prinzips der allmählichen Belastungssteigerung" (Mühlfriedel,1994) angepasst wird. Im engen Zusammenhang mit dem oben genannten Prinzip steht das „Prinzip der variierenden Belastung", welches besagt das gleichartig Trainingsbelastungen und -organisationen auf einen längeren Zeitraum zu einer Stagnation der Muskelhypertrophie führen. Aus diesem Grund variieren in der Makrozyklusplanung des Probanden bewusst die Belastungen und die Organisation seines Trainings.		
Inhalt:	Ausmaß:	Zeit:
Leistungssteigerung und -optimierung	Fit-Level um 1 Punkt steigern	6 Monate
Begründung:		

Die Zielsetzung zur Steigerung und Optimierung der Leistungsbelastung von dem Ausgangswert 7 um einen weiteren Punkt auf Fit-Level 8 ist realistisch, da ein gezieltes Krafttraining auch zu kardiovaskulären Adaptionen führt. Somit wird das Herz-Kreislauf-System durch Krafttraining stimuliert und verbessert.

Inhalt:	Ausmaß:	Zeit:
Steigerung der persönlichen Kraftfähigkeit	Steigerung der Testergebnisse im wiederholten Krafttest (10-RM-Test)	6 Monate
Begründung:		
Die Zielsetzung zur Steigerung der persönlichen Kraftfähigkeit in dem Zeitrahmen eines kompletten Makrozyklus ist realistisch, da über ein regelmäßiges widerstandsorientiertes Krafttraining mit zyklisch wechselnden Trainingsbelastungen und -inhalten Belastungsreize gesetzt werden, welche zur Anpassung der muskulären Strukturen führen und es somit zu Kraftzuwächsen kommt.		

3 TRAININGSPLANUNG MAKROZYKLUS

Tab. 4: Trainingsplanung Makrozyklus

	intensitätsorientiertes Krafttraining			
	Mesozyklus 1	**Mesozyklus 2**	**Mesozyklus 3**	**Mesozyklus 4**
Zyklusdauer	8 Wochen	6 Wochen	6 Wochen	4 Wochen
Trainingsziel	Übergangstraining	Muskelaufbautraining (extensiv)	Muskelaufbautraining (intensiv)	Maximalkrafttraining (intensiv)
Organisation	Ganzkörpertraining Zirkel	2er Split im Supersatz Station	2er Split im Supersatz Station	2er Split Station
Einheit/Woche	2 – 3	4	4	4
Übung/				

8/19

Muskel-gruppe	1 – 2	1 – 2	1 – 2	1 – 2
Sätze/Übung	2-3 pro Split	2-3 pro Split	2-3 pro Split	2-3 pro Split
Wdh.	15 – 20	8 – 12	6 – 8	2 – 3
Satzpausen	---	60 Sekunden	60 Sekunden	90 – 120 Sekunden
Intensität	70 – 90%	70 – 90%	80 – 100%	80 – 100%
Bewegungs-Tempo	2 – 0 – 2	2 – 0 – 2	2 – 0 – 2	2 – 0 – 2

Anhand der einwandfreien Anamnese und Leistungsvorrausetzung des Probanden und dessen Vorerfahrung im Kraftsport wurde sich bewusst in der Trainingskonzeption für die Individuelle-Leistungsbild-Methode (ILB-Methode) entschieden.

Der Trainingseinstieg beginnt mit einem Ganzkörpertraining, da der Proband zuerst wieder an eine regelmäßige Trainingsbelastung gewöhnt werden muss. Da seine momentane sportliche Aktivität sehr niedrig bei einer einmaligen wöchentlichen Belastung liegt. Durch diesen Einstieg wird eine Überlastung des Probanden und seines Zentralen Nervensystems vermieden. Nach dem Trainingseinstieg wird die Organisationsform von einem Ganzkörper – auf ein Split-Training umgestellt, da der Fokus bei einem Split-Training auf explizit ausgewählten Muskelgruppen liegt und diese somit in der vorgegebenen Zeit intensiver belastet werden können.

Der Hauptfokus des Makrozyklus liegt auf dem Hypertrophietraining, um eine schnelle Zunahme von Muskulatur zu begünstigen. Da der Proband in seiner Vergangenheit intensiv Kraftsport betrieben hat, kann direkt nach dem Übergangstraining mit einer extensiven Muskelaufbauphase gestartet werden. Um Plateaus im Muskelaufbau zu vermeiden wird in der Makrozyklusplanung kontinuierlich die Trainingsmethode angepasst bis hin zu einem Maximalkrafttraining.

Zu Beginn des Übergangstrainings sind 2 – 3 Trainingseinheiten pro Woche eingeplant, damit dem Körper ausreichend Regenerationszeit gewährt wird und es zu keiner Überlastung des Probanden kommt. Nach dem Übergangstraining wird die wöchentliche Anzahl von Trainingseinheiten auf 4 pro Woche erhöht, um eine Stagnation des Muskelaufbaus durch zu lange Regenerationszeiten zu vermeiden.

Eine Trainingseinheit wird mit einem Trainingsumfang von 1 – 3 Übungen pro Muskelgruppe geplant, da es nach einer 1-stündigen Trainingsbelastung zu vermehrter Cortisolproduktion im Körper kommt. Damit wird eine Über – oder Unterforderung vermieden.

Die Satzzahl, sowie die Wiederholungszahlen variieren abhängig von der gewählten Trainingsmethode und -intensität. Die Intensität von 70 – 90% der ILB-Methode der ersten beiden Mesozyklen orientiert sich an einer fortgeschrittenen Leistungsstufe des Probanden, um eine körperliche Überforderung zu vermeiden und wird in den beiden späteren Mesozyklen an die leistungsorientierte Belastungsstufe von 80 – 100% der ILB-Methode angepasst, da zu erwarten ist, das der Proband aufgrund seiner Trainingsvorerfahrung eine schnelle Adaption der Muskulatur vorweist. Das Bewegungstempo der Übungsausführung ist festgelegt auf 2 Sekunden in der exzentrischen und in der konzentrischen Phase, da die Muskulatur länger unter Kontraktion steht und somit ein Muskelaufbau begünstigt wird.

Die Satzpausen betragen bei einem Hypertrophietraining 60 Sekunden und beim Maximalkrafttraining zwischen 90 – 120 Sekunden. Die Zeitangaben wurden so gewählt, das dem Muskel ausreichend Zeit zur Regeneration gewährleistet wird. Allgemein gilt: je höher die Belastung für den Muskel, desto länger sollte die Satzpause gestaltet sein.

Die Periodisierung der Mesozyklen wurde in einem Zeitrahmen von 6 – 8 Wochen im Übergang – und Hypertrophietraining gewählt, da eine muskuläre Adaption gehemmt wird, wenn gleichartige Trainingsbelastungen über einen längeren Zeitraum beibehalten werden, so Mühlfriedel (1994, S. 21). Beim Maximalkrafttraining wird sich auf einen Zeitraum von 4 Wochen beschränkt, da ein solches Training sehr große Belastungen für den Probanden und seinen Körper darstellt.

4 TRAININGSPLANUNG MESOZYKLUS

Tab. 5: Übersicht Mesozylus 2 - Muskelaufbautraining (extensiv)

Mesozyklus 2 – Muskelaufbautraining (extensiv)	
Zyklusdauer	6 Wochen
Trainingsziel	Muskelaufbautraining (extensiv)
Trainingseinheiten pro Woche	4
Organisation	2er Split im Supersatz Station
Einheit/Woche	4
Übung/Muskel	1 – 2
Sätze/Übung	2-3 pro Split
Satzpausen	60 Sekunden

Wiederholungen	8 – 12
Intensität	70 - 90%
Bewegungstempo	2 – 0 – 2

Mit dem Trainingsziel Muskelaufbau konzentriert sich die Trainingskonzeption im Mesozyklus 2 hauptsächlich auf freie und mehrgelenkige Übungen, da mehr synergetisch wirkende Muskelgruppen eingesetzt werden als bei einem geführten Maschinentraining. Zusätzlich wird die intermuskuläre Koordination geschult und die Eigenstabilisation gefördert, wodurch gleichzeitig ein Autostabilisationstraining stattfindet.

Erfahrungsgemäß ist bei einem Training mit freien Gewichten die Bewegungsamplitude des Trainierenden frei und nicht in vorgegebene Bahnen gelenkt und kann dadurch besser auf Alltags-, Berufs-, oder sportartspezifische Bewegungsmuster abgeleitet werden. Des Weiteren ist in der Regel eine feinere Differenzierung des Trainingsgewichts gegenüber dem Training an Maschinen möglich, wodurch der Trainingsreiz individueller angepasst werden kann.

In der Tabelle 7 sind alle Kraftübungen für den Split 1 (Oberkörper) nach ihrer Trainingsreihenfolge sortiert und aufgelistet:

Tab. 6: Krafttrainingsübungen Split 1 (Oberkörper)

Split 1 – Oberkörper		
Muskelgruppen	**Übungen**	**Satzabfolge**
Rücken	Latzug zur Brust (weiter Griff)	3 Sätze
Rücken	Butterfly reverse mit Kurzhantel Bauchlage	3 Sätze
Brust	Langhantel - Bankdrücken	3 Sätze
Brust	Fliegende mit Kurzhanteln auf Schrägbank	3 Sätze
Schultern	Ü1: Schulterdrücken mit Langhantel Ü2: Seitheben	1. Satz Ü1 + 1. Satz Ü2 2. Satz Ü1 + 2. Satz Ü2

Bizeps	Ü1: Bizepscurl mit SZ-Stange im supinierten Griff Ü2: Bizepscurl mit SZ-Stange im pronierten Griff	1. Satz Ü1 + 1. Satz Ü2 2. Satz Ü1 + 2. Satz Ü2
Trizeps	Ü1: Trizepsdrücken am Seilzug Ü2: Trizepskickbacks mit Kurzhantel	1. Satz Ü1 + 1. Satz Ü2 2. Satz Ü1 + 2. Satz Ü2
Bauch	Hüftheben	3 Sätze

Die Übung „**Latzug zur Brust im weiten Griff**" spricht folgende Zielmuskulatur an: *m. latisimus dorsi, m. trapezius pars ascendens, m. rhomboideus minor et major, m. teres major* und als unterstützende Muskulatur: *m. erector spinae* und *m. biceps brachii.*

Diese Übung wurde ausgewählt, da der Latzug zu einer der klassischen Grundübungen im Kraftsport zählt, eine Mehrgelenksübung darstellt und somit eine Vielzahl an Muskeln aktiviert werden. Außerdem kann im Gegensatz zum Klimmzug, das Gewicht beliebig eingestellt werden.

Die Übung „**Butterfly reverse mit Kurzhantel in Bauchlage**" spricht folgende Zielmuskulatur an: *m. trapezius pars transversa, m. deltoideus pars spinalis, m. rhomboideus minor et major* und *m.infraspinatus.*

Diese Übung wurde ausgewählt, da die rückenaufrichtende Muskulatur trainiert wird und somit eine Verbesserun der Haltung des Probanden aufgrund einer verstärkten Kyphose in der Brustwirbelsäule (Morbus Scheuermann) erreicht wird.

Die Übung „**Bankdrücken Langhantel**" spricht folgende Zielmuskulatur an: *m. pectoralis major et minor, m. triceps brachii* und *m. deltoideus pars clavicularis.*

Diese Übung wurde ausgewählt, da es sich hier um eine der wichtigsten Grundübungen im Kraftsport handelt. Es ist eine Mehrgelenksübung, welche den gesamten Oberkörper trainiert und viele Trainingsvariationen bietet.

Die Übung „**Fliegende mit Kurzhantel auf Schrägbank**" spricht folgende Zielmuskulatur an: *m. pectoralis major, m. deltoideus pars clavicularis* und *m. serratus anterior.*

Diese Übung wurde ausgewählt, da im Gegensatz zum Bankdrücken die angesteuerte Brustmuskulatur isoliert trainiert werden kann. Denn häufig ermüdet beim Bankdrücken der Trizeps bevor die Brustmuskulatur ausbelastet ist.

Die Übung „**Schulterdrücken mit Langhantel**" spricht folgende Zielmuskulatur an: *m. deltoideus pars acromialis, m. deltoideus pars spinalis et clavicularis*. Folgende Muskulatur wirkt unterstützend: *m. trapezius* und *m. triceps brachii*.

Diese Übung wurde ausgewählt, da der gesamte m. deltoideus beansprucht wird und je nach Variation (vor der Brust/hinter dem Nacken) verstärkt der vordere oder hinterer Anteil trainiert.

Die Übung „**Seitheben mit Kurzhanteln**" spricht folgende Zielmuskulatur an: *m. deltoideus pars acromialis*. Diese Übung wurde gewählt, da die Schultermuskulatur isoliert trainiert wird und eine Vorermüdung der Trizepsmuskulatur verhindert wird.

Die Übung „**Bizepscurl mit SZ-Stange im supinierten Griff**" spricht folgende Zielmuskulatur an: *m. biceps brachii* und *m. brachialis*.

Diese Übung wurde ausgewählt, da die SZ-Hantelstange eine schonendere Belastung für das Handgelenk darstellt und zu dem der Bizeps fast isoliert trainiert werden kann.

Die Übung „**Bizepscurl mit der SZ-Stange im pronierten Griff**" spricht folgende Zielmuskulatur an: *vor allem m. brachialis, sowie unterstützend m. biceps brachii und m. brachioradialis*.

Diese Übung wurde ausgewählt, da auch hier die SZ-Hantelstange eine schonendere Belastung für das Handgelenk darstellt und die Oberarmbeuger aus einem anderen Winkel beansprucht werden können.

Die Übung „**Trizepsdrücken am Seilzug**" spricht folgende Zielmuskulatur an: *m. triceps brachii* und *m. anconaeus*.

Diese Übung wurde ausgewählt, da dies die effektivste Übung für den Trizeps darstellt und durch eine Variation des Griffes verschiedene Anteile des Trizepses unterschiedlich intensiv trainiert werden können.

Die Übung „**Trizepskickbacks mit Kurzhantel**" spricht folgende Zielmuskulatur an: *m. triceps brachii* und *m. anconaeus*.

Diese Übung wurde ausgewählt, da auch diese Trizepsübung zu den effektivsten gehört und durch eine Variante mit Kurzhantel eine feinere Gewichtsabstufung ermöglicht wird.

Die Übung „**Hüftheben**" spricht folgende Zielmuskulatur an: *m. rectus abdominis* und *m. pyramidalis*. Diese Übung wurde ausgewählt, da die Bauchmuskulatur fast ausschließlich isoliert trainiert wird und keine Hilfsmuskulatur vorermüden kann. So ist eine effektive Auslastung der Bauchmuskulatur möglich.

Folgender Tabelle sind alle Kraftübungen für den Split 2 (Unterkörper) ihrer Trainingsreihenfolge nach sortiert, zu entnehmen:

Tab. 7: Krafttrainingsübungen Split 2 (Unterkörper)

Split 2 – Unterkörper		
Muskelgruppen	**Übungen**	**Satzabfolge**
Beine	Beinpresse	3 Sätze
Beine	Kniebeuge mit Langhantel	3 Sätze
Beine	Kreuzheben mit Langhantel	3 Sätze
Waden	Wadenheben stehend	2 Sätze
Bauch	Hüftheben	2 Sätze
Bauch	Klappmesser	2 Sätze

Die Übung „**Beinpresse**" spricht folgende Zielmuskulatur an: *m. quadriceps femoris, m. biceps femoris* und *m. gluteus maximus*. Diese Übung wurde ausgewählt, da sie eine der bekanntesten und wirkungsvollsten Übungen für die unteren Extremitäten darstellt und aufgrund der sitzenden Position hohe Gewichte sicher bewältigt werden können.

Die Übung „**Kniebeuge mit Langhantel**" spricht folgende Zielmuskulatur an: *m.quadriceps femoris, m.biceps femoris* und *m. gluteus maximus*. Diese Übung wurde ausgewählt, da sie zu den Grundübungen des Krafttrainings gehört und eine der anspruchsvollsten Übungen darstellt, welche durch die Vorerfahrung meines Probanden ohne Probleme zu bewältigen ist.

Die Übung „**Kreuzheben mit Langhantel**" spricht folgende Zielmuskulatur an: *m.erector spinae, m. quadriceps femoris* und *m. gluteus maximus*. Diese Übung wurde ausgewählt, da auch sie zu den klassischen Grundübungen des Krafttrainings zählt und neben den unteren Extremitäten zusätzlich die Rückenmuskulatur beansprucht und stärkt.

Die Übung „**Wadenheben stehend**" spricht folgende Zielmuskulatur an: *m. gastrocnemius caput laterale, m.gastrocnemius caput mediale* und *musculus soleus*. Die Übung wurde ausgewählt, da der Proband im Vorgespräch angegeben hat, unzufrieden mit der muskulären Ausprägung seiner Waden zu sein.

Die Übung „**Hüftheben**" wurde im Split-Training 1 näher erläutert.

Die Übung „**Klappmesser**" spricht folgende Zielmuskulatur an: *m. rectus abdominis* und *m. pyramidalis*. Diese Übung wurde ausgewählt, da sie sehr anspruchsvoll ist und der Proband gezielt auf eine Rückenstreckung aufgrund des Morbus Scheuermann achten muss.

5 LITERATURRECHERCHE

Thema: Effekte des Krafttrainings bei Diabetes mellitus Typ-2

Tab. 8: Studien über die Effekte des Krafttrainings bei Osteoporose

Fragen	Studie 1	Studie 2
Wer hat die Studien durchgeführt?	Gröntved, A. et al (2012). A prospective study of weight training and risk of type 2 diabetes mellitus in men. *Archives of internal medicine.*	Maiorana,A. et al (2002). Combined aerobic and resistance exercise improves glycemic control and fitness in type 2 diabetes. *Diabetes Research and Clinical Practice 56.*
In welchem Jahr wurde die Studien publiziert?	Die Studie wurde im Jahr 2012 publiziert.	Die Studie wurde im Jahr 2002 publiziert.
Mit welchen Versuchspersonen wurden die Studien durchgeführt?	Durchgeführt wurde die Studie an 32.002 Männern im Alter von 40 – 75 Jahren	Durchgeführt wurde die Studie an 16 übergewichtigen Probanden mit einem $\emptyset$-BMI von 29.6 und

		einem $\varnothing$-Alter von 52 Jahren mit einer T2D-Erkrankung. 14 der 16 Probanden stellen Männer, die restlichen beiden sind weibliche Probanden.
Wie sah der Versuchsaufbau aus?	Die Probanden wurden in 4 Gruppen eingeteilt, diese Gruppen unterschieden sich in der Dauer des aeroben und anaeroben Trainings. Gruppe 1 absolvierte keinerlei Training, Gruppe 2 bewegte sich zwischen 1 – 59 Min/Woche. Gruppe 3 steigerte die Betätigung von 60 – 149 Minuten/Woche und Gruppe 4 bewegte sich mehr als 150 Minuten/Woche. Als aerobe Aktivitäten zählen folgende: schnelles Spazieren, Joggen, Radfahren u.a. Bestimmte Störfaktoren, wie BMI, familiäre Vorbelastungen mit T2D, Rauchen und das Essverhalten wurden mit einbezogen. Innerhalb der 18 Jahre, in denen die Daten gesammelt wurden, erkrankten 2.278 Männer an T2D.	Die Probanden wurden in einem zufälligen Verfahren in 2 Gruppen eingeteilt. Gruppe 1 absolvierte zuerst ein 8 Wochen Circuit-Trainingsprogramm (bestehend aus 7 Kraftübungen und 8 Ausdauerübungen) und Gruppe 2 trainierte 8 Wochen ohne ein spezielles Trainingsprogramm. Alle Probanden absolvierten 24 Trainingseinheiten in 16 Wochen Studiendauer.

| Welche relevanten Ergebnisse und Schlussfolgerungen lieferten die Studien? | Männer die in der Studie mehr als 150 Minuten/Woche aeroben Aktivitäten nachgingen hatten ein 34% geringeres Risiko an T2D zu erkranken (1 – 49Min./W.: -12%; 60 – 149 Min./W.: -25%). Der BMI hatte nur wenig Einfluss auf das Ergebnis. Bei Männern im Lebensalter unter 65 Jahren und ohne eine familiäre Vorbelastung für T2D war der Trainingseffekt vergleichsweise stärker. Die Kombination aus Ausdauer – und Krafttraining brachte den größten Effekt mit einer Risikoverringerung von 59%. Krafttraining spielt offensichtlich eine nicht unerhebliche Rolle bei der Risikoreduktion von T2D. | Nach Beendigung der Studie ist eine signifikante Verbesserung der Nüchternglucose und des glykosylierten Hämoglobins, eine signifikante Reduzierung des Körperfettanteils und einer daraus resultierenden Zunahme der Muskelmasse, wie auch einer Verbesserung der maximalen Sauerstoffaufnahmekapazität. Es kommt ebenso zu einer verbesserten Blutzuckerkontrolle im Körper. Schlussfolgerung: Eine Kombination aus Ausdauer – und Krafttraining ist für T2D- Patienten in verschiedener Hinsicht gewinnbringend. |

6 Literaturverzeichnis

Baumann, H. & Reim, H. (1994). *Bewegungslehre.* Frankfurt am Main: Moritz Diesterweg.

Bundeszentrale für gesundheitliche Aufklärung (BZgA). *BZgA Essstörung: Der Body
Mass Index (BMI).* Zugriff am 28.10.2018. Verfügbar unter: https://www.bzga-
essstoerungen.de/informationen/auffaelliges-essverhalten/der-body-mass-index-
bmi/

Dr. Zitelmann, R. (2014). *Erfolgsfaktoren im Kraftsport. Mehr Muskeln mit Kompakt-
Training, Intensitätstechniken & mentaler Programmierung.* Arnsberg: novagenics.

Eifler, C. (2000). *Krafttraining nach der ILB-Methode – Eine empirische Überprüfung
der Trainingseffekte bei Anfängern und Fortgeschrittenen.* Unveröffentlichte Dip-
lomarbeit, Universität des Saarlandes. Saarbrücken.

Eifler, C. (2017). *Trainingslehre I.* Saarbrücken: Deutsche Hochschule für Prävention
und Gesundheitsmanagement.

Gesundheitsberichterstattung des Bundes: *Hypertonie,* Heft 43, Robert – Koch – Insti-
tut/Statistisches Bundesamt.

Gollnick, H., Piehl, K. & Saltin, B. Selective glycogen depletion pattern in human fibres
after exercise of varying intensity and at varying pedalling rates. *The Journal of
physiology.*

Gröntved, A., Rimm, E.B., Willet, W.C., Andersen, L.B. & Hu, F.B. (2012). A prospec-
tive study of weight training and risk of type 2 diabetes mellitus in men. *Archives
of internal medicine*

Hottenrott, K. & Neumann, G. *Trainingswissenschaft. Ein Lehrbuch in 14 Lektionen.
Band 7.* Aachen: Meyer & Meyer.

Jäger, J.M. & Krüger, K. (2012). *Der Muskel im Sport. Anatomie, Physiologie, Training,
Rehabilitation.* Berlin: KVM.

Maiorana,A. et al (2002). Combined aerobic and resistance exercise improves glycemic
control and fitness in type 2 diabetes. *Diabetes Research and Clinical Practice
56.*

Mühlfriedel, B. (1994). *Trainingslehre.* Frankfurt am Main: Moritz Diesterweg.

Rippetoe, M. (2013). *Starting Strenght. Einführung ins Langhanteltraining.* München:
riva.

WHO/ISH-Guideline-Subcommittee (1999): *World Health Organization – International Society of Hypertension Guidelines for the Management of hypertensions.* Journal of Hypertens. 17.

Zippel, C. (2011). *Der Wille zur Kraft. Die 10 Gebote kompromissloser Leistungssteigerung in Bodybuilding & Kraftsport.* Arnsberg: novagenics.

7 Tabellenverzeichnis

7.1 Tabellenverzeichnis